VENTE APRÈS DÉCÈS

HOTEL DROUOT, SALLE N° **2**

Le Lundi 13 Avril 1885

TABLEAUX & ÉTUDES PEINTES

PAR

ORTMANS

COMMISSAIRE-PRISEUR

Mᵉ Paul CHEVALLIER

10, rue Grange-Batelière, 10.

EXPERT

M. Georges PETIT

12, rue Godot-de-Mauroi, 12.

VENTE

ORTMANS

PARIS. — IMPRIMERIE DE L'ART

E. MÉNARD ET J. AUGRY, 41, RUE DE LA VICTOIRE

CATALOGUE

DES

TABLEAUX & ÉTUDES PEINTES

PAR

ORTMANS

DÉPENDANT DE SA SUCCESSION

ET DONT LA VENTE AURA LIEU A PARIS

HOTEL DROUOT, SALLE N° 2

Le Lundi 13 Avril 1885

A DEUX HEURES

Mᵉ P. CHEVALLIER	**M. GEORGES PETIT**
COMMISSAIRE-PRISEUR	EXPERT
10, rue Grange-Batelière, 10	12, rue Godot-de-Mauroi, 12

EXPOSITION PUBLIQUE : Le Dimanche 12 Avril 1885

DE UNE HEURE A CINQ HEURES

Le Catalogue se distribue chez :

M° PAUL CHEVALLIER | M. GEORGES PETIT
COMMISSAIRE-PRISEUR | EXPERT
10, rue Grange-Batelière, Paris. | 12, rue Godot-de-Mauroi, Paris.

Et chez M° WEBER, notaire à Fontainebleau.

CONDITIONS DE LA VENTE

Elle sera faite au comptant.

Les adjudicataires paieront *cinq pour cent* en sus des enchères.

DÉSIGNATION

Tableaux et Études peintes
FORÊT DE FONTAINEBLEAU

1 — *Troupeau de vaches traversant une vallée effet d'orage.*

Haut., 88 cent.; larg., 1 m. 3o cent.

2 — *Sentier dans les gorges; soleil couchant.*

Haut., 85 cent.; larg., 1 m. 3o cent.

3 — *Mare entourée d'arbres.*

Haut., 65 cent.; larg., 84 cent.

4 — *Vaches venant s'abreuver à une mare.*

Haut., 73 cent.; larg., 1 mètre.

5 — *Torrent dans les montagnes.*

Haut., 1 mètre ; larg., 70 cent.

6 — *Troupeau de vaches paissant sous bois.*

Haut., 90 cent.; larg., 1 m. 36 cent.

7 — *Chevreuils dans la forêt; effet de soleil avant la pluie.*

Haut., 40 cent.; larg., 60 cent.

8 — *Troupeau de vaches dans un chemin sous bois.*

Haut., 36 cent.; larg., 54 cent.

9 — *Chêne au milieu des fougères.*

Haut., 38 cent.; larg., 58 cent.

10 — *Bouquet de chênes en forêt ; effet de soleil.*

Haut., 45 cent.; larg., 60 cent.

11 — *Vaches dans une grande clairière.*

Haut., 69 cent.; larg., 98 cent.

12 — *Chien d'arrêt.*

Copie d'après Desportes.

Haut., 58 cent.; larg., 80 cent.

13 — *Vache dans un sentier sous bois.*

Haut., 53 cent.; larg., 43 cent.

14 — *Hêtres dans la forêt de Fontainebleau; effet d'automne.*

Haut., 63 cent.; larg., 47 cent.

15 — *Chemin creux en forêt.*

Haut., 65 cent.; larg., 51 cent.

16 — *Le Lac de Lucerne.*

Haut., 28 cent.; larg., 45 cent.

17 — *Le Lac de Lucerne.*

Haut., 28 cent.; larg., 45 cent.

18 — *Hêtre mort renversé.*

> Haut., 32 cent.; larg., 47 cent.

19 — *Un Ruisseau d'eau vive.*

> Haut., 35 cent.; larg., 45 cent.

20 — *Coupe de bois en forêt.*

> Haut., 34 cent.; larg., 49 cent.

21 — *Sentier dans les roches.*

> Haut., 56 cent.; larg., 36 cent.

22 — *Talus boisés.*

> Haut., 33 cent.; larg., 47 cent.

23 — *Vaches dans une prairie.*

> Haut., 24 cent.; larg., 35 cent.

24 — *Dans les roches.*

> Haut., 19 cent.; larg., 23 cent.

25 — *Vaches suivant un sentier.*

> Haut., 20 cent.; larg., 26 cent.

26 — *Le Terrier.*

> Haut., 15 cent.; larg., 26 cent.

27 — *Canards sur un étang.*

> Haut., 14 cent.; larg., 25 cent.

28 — *Arbre brisé par l'orage.*

> Haut., 24 cent.; larg., 35 cent.

29 — *Ruisseau d'eau vive.*

> Haut., 25 cent.; larg., 32 cent.

30 — *Cascade.*

> Haut., 21 cent.; larg., 31 cent.

31 — *Torrent dans la montagne.*

> Haut., 33 cent.; larg., 20 cent.

32 — *Études de bœufs.*

> Haut., 34 cent.; larg., 46 cent.

33 — *Études de vaches.*

> Haut., 24 cent.; larg., 46 cent.

34 — *Sentier dans les roches ; soleil couchant.*

Haut., 28 cent.; larg., 49 cent.

35 — *Marais ; temps gris.*

Haut., 33 cent.; larg., 45 cent.

36 — *Clairière en forêt.*

Haut., 32 cent.; larg., 49 cent.

37 — *Étude de hêtres.*

Haut., 39 cent.; larg., 31 cent.

38 — *Mare dans une clairière.*

Haut., 28 cent.; larg., 47 cent.

39 — *Ferme près de Barbizon.*

Haut., 26 cent.; larg., 42 cent.

40 — *Soleil couchant.*

Haut., 49 cent.; larg., 65 cent.

41 — *Chênes de la forêt de Fontainebleau.*

Haut., 60 cent.; larg., 73 cent.

42 — *Sentier dans la forêt; effet d'automne.*

Haut., 44 cent.; larg., 55 cent.

43 — *Chênes brisés par l'orage.*

Haut., 80 cent.; larg., 62 cent.

44 — *Remise aux chevreuils; effet d'orage.*

Haut., 55 cent.; larg., 80 cent.

45 — *Étude de chêne.*

Haut., 40 cent.; larg., 27 cent.

46 — *Vaches s'abreuvant au bord d'un étang.*

Haut., 25 cent.; larg., 35 cent.

47 — *Hêtres en forêt; effet d'automne.*

Haut., 35 cent.; larg., 25 cent.

48 — *La Mare aux fées.*

Haut., 22 cent.; larg., 34 cent.

49 — *Rochers de la Gorge-aux-Loups.*

50 — *Ruisseau sous bois.*

> Haut., 27 cent.; larg., 40 cent.

51 — *Pâturage.*

> Haut., 27 cent.; larg., 41 cent.

52 — *Un Coin de la vallée de la Solle.*

> Haut., 45 cent.; larg., 25 cent.

53 — *Hêtre abattu.*

> Haut., 27 cent.; larg., 43 cent.

54 — *Étude de chênes morts.*

> Haut., 42 cent.; larg., 26 cent.

55 — *Pâturage ; effet d'orage.*

> Haut., 27 cent.; larg., 40 cent.

56 — *Ferme sous les arbres.*

> Haut., 27 cent.; larg., 40 cent.

57 — *Étude de tronc d'arbre.*

> Haut., 16 cent.; larg., 19 cent.

58 — *Mare entourée de rochers.*

Haut., 34 cent.; larg., 64 cent.

59 — *Bouleaux dans les roches.*

Haut., 38 cent.; larg., 57 cent.

60 — *Étang entouré d'arbres.*

Haut., 38 cent.; larg., 57 cent.

61 — *La Vanne.*

Haut., 47 cent.; larg., 39 cent.

62 — *Coup de soleil en forêt.*

63 — *Environs de la forêt de Fontainebleau.*

Haut., 34 cent.; larg., 47 cent.

64 — *Terrains desséchés.*

Haut., 30 cent.; larg., 47 cent.

65 — *Étude de roseaux.*

Haut., 38 cent.; larg., 46 cent.

66 — *Étude de chevreuils.*

Haut., 37 cent.; larg., 42 cent.

67 — *Étang; ciel nuageux.*

Haut., 24 cent.; larg., 35 cent.

68 — *Terrains brûlés par le soleil.*

Haut., 21 cent.; larg., 36 cent.

69 — *La Forêt en automne.*

Haut., 27 cent.; larg., 35 cent.

70 — *Tronc d'arbre creux.*

Haut., 34 cent.; larg., 24 cent.

71 — *Bords de ruisseau.*

Haut., 25 cent.; larg., 33 cent.

72 — *Étang : ciel bleu.*

Haut., 24 cent.; larg., 33 cent.

73 — *Dans les montagnes.*

Haut., 27 cent.; larg., 35 cent.

74 — *Étude de vache.*

Haut., 24 cent.; larg., 32 cent.

75 — *Étude de vaches.*

Haut., 23 cent.; larg., 37 cent.

76 — *Vanne levée.*

Haut., 37 cent.; larg., 27 cent.

77 — *Mare entourée de chênes.*

Haut., 27 cent.; larg., 36 cent.

78 — *Chêne au milieu des roches.*

Haut., 27 cent.; larg., 36 cent.

79 — *Paysanne tricotant.*

Haut., 35 cent.; larg., 27 cent.

80 — *Mare entourée de bouleaux.*

Haut., 59 cent.; larg., 47 cent.

81 — *Étang entouré d'arbres ; grande étude.*

Haut., 1 m. 2 cent.; larg., 1 m. 46 cent.

82 — *Grande étude de hêtres.*

> Haut., 88 cent.; larg., 1 m. 3o cent.

83 — *Étude de hêtres.*

> Haut., 1 m. 28 cent.; larg., 65 cent.

84 — *Étude de hêtres.*

> Haut., 7o cent.; larg., 1 mètre.

85 — *Étang; temps gris.*

> Haut., 7o cent.; larg., 1 mètre.

86 — *Étude de hêtres.*

> Haut., 73 cent.; larg., 59 cent.

87 — *Étang; effet d'orage.*

> Haut., 44 cent.; larg., 65 cent.

88 — *Étang; temps gris.*

> Haut., 44 cent.; larg., 65 cent.

89 — *Un Buisson.*

> Haut., 16 cent.; larg., 24 cent.

90 — *Coupe de bois.*

> Haut., 15 cent.; larg., 23 cent.

91 — *Étang ; temps brumeux.*

> Haut., 15 cent.; larg., 23 cent.

92 — *Paysage ; ciel nuageux.*

> Haut., 15 cent.; larg., 23 cent.

93 — *Étang ; ciel gris.*

> Haut., 17 cent.; larg., 27 cent.

94 — *Mare.*

Étude.

> Haut., 59 cent.; larg., 72 cent.

95 — *La Forêt en automne.*

Étude.

> Haut., 48 cent.; larg., 64 cent.

96 — *Le Vieux Pont.*

> Haut., 58 cent.; larg., 37 cent.

97 — *Bords d'étang.*

> Haut., 38 cent.; larg., 55 cent.

98 — *Pâturage au bord de la mer.*

> Haut., 54 cent.; larg., 45 cent.

99 — *Étude d'arbres en forêt.*

> Haut., 38 cent.; larg., 58 cent.

100 — *Un Coin de la forêt.*

Étude.

> Haut., 38 cent.; larg., 40 cent.

101 — *Étude de vache.*

> Haut., 32 cent.; larg., 41 cent.

102 — *Mare en forêt.*

> Haut., 32 cent.; larg., 40 cent.

103 — *Vaches à l'étable.*

> Haut., 32 cent.; larg., 40 cent.

104 — *Sentier dans les roches, à Franchard.*

> Haut., 50 cent.; larg., 37 cent.

105 — *Chêne renversé.*

> Haut., 39 cent.; larg., 47 cent.

106 — *La Gorge-aux-Loups.*

Étude.

> Haut., 46 cent.; larg., 38 cent.

107 — *Roches en forêt.*

Étude.

> Haut., 45 cent.: larg., 37 cent.

108 — *Roches au milieu des arbres.*

> Haut., 16 cent.; larg., 13 cent.

109 — *Le Moulin à eau.*

Aquarelle.

110 — Carton d'aquarelles montées sur feuilles de bristol.

111. — Carton de dessins montés sur feuilles de bristol.

112 — Carton de croquis.

113 — Carton de gravures.

114 — Carton renfermant des dessins et aquarelles par divers artistes.

115 — **Rousseau (Th.).** Étude peinte représentant un tronc d'arbre.

Haut., 23 cent.; larg., 13 cent.

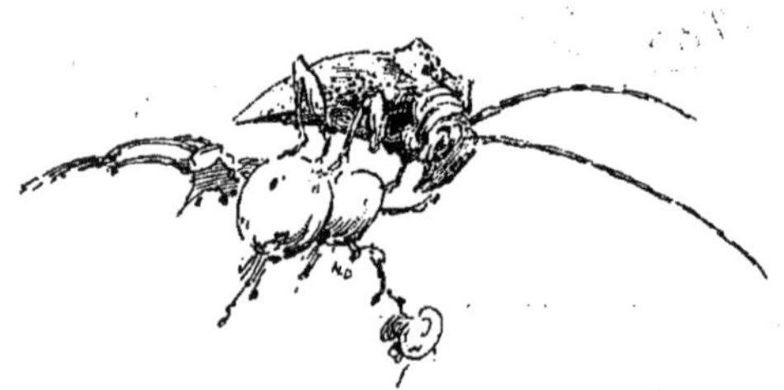